BEI GRIN MACHT SICH IHR WISSEN BEZAHLT

AF149213

- Wir veröffentlichen Ihre Hausarbeit,
  Bachelor- und Masterarbeit

- Ihr eigenes eBook und Buch -
  weltweit in allen wichtigen Shops

- Verdienen Sie an jedem Verkauf

Jetzt bei www.GRIN.com hochladen
und kostenlos publizieren

GRIN

Anja Rehm

Konflikte als Chance der Teambildung im Kindergarten

GRIN Verlag

Bibliografische Information der Deutschen Nationalbibliothek:

Die Deutsche Bibliothek verzeichnet diese Publikation in der Deutschen National-
bibliografie; detaillierte bibliografische Daten sind im Internet über http://dnb.d-
nb.de/ abrufbar.

Dieses Werk sowie alle darin enthaltenen einzelnen Beiträge und Abbildungen
sind urheberrechtlich geschützt. Jede Verwertung, die nicht ausdrücklich vom
Urheberrechtsschutz zugelassen ist, bedarf der vorherigen Zustimmung des Verla-
ges. Das gilt insbesondere für Vervielfältigungen, Bearbeitungen, Übersetzungen,
Mikroverfilmungen, Auswertungen durch Datenbanken und für die Einspeicherung
und Verarbeitung in elektronische Systeme. Alle Rechte, auch die des auszugsweisen
Nachdrucks, der fotomechanischen Wiedergabe (einschließlich Mikrokopie) sowie
der Auswertung durch Datenbanken oder ähnliche Einrichtungen, vorbehalten.

Impressum:

Copyright © 2012 GRIN Verlag, Open Publishing GmbH
Druck und Bindung: Books on Demand GmbH, Norderstedt Germany
ISBN: 978-3-656-36983-7

Dieses Buch bei GRIN:

http://www.grin.com/de/e-book/200818/konflikte-als-chance-der-teambildung-im-
kindergarten

GRIN - Your knowledge has value

Der GRIN Verlag publiziert seit 1998 wissenschaftliche Arbeiten von Studenten, Hochschullehrern und anderen Akademikern als eBook und gedrucktes Buch. Die Verlagswebsite www.grin.com ist die ideale Plattform zur Veröffentlichung von Hausarbeiten, Abschlussarbeiten, wissenschaftlichen Aufsätzen, Dissertationen und Fachbüchern.

Besuchen Sie uns im Internet:

http://www.grin.com/

http://www.facebook.com/grincom

http://www.twitter.com/grin_com

Kolping-Bildungswerk

Schwäbisch Gmünd

Fachwirt in

Erziehungswesen (KA)

2011/2012

Seminararbeit im Fach

Soziale und personale Kompetenz

„Konflikte als Chance der Teambildung im Kindergarten sehen"

Erstellt von:

Anja Rehm

Inhaltsverzeichnis

1 Meine Motivation

Konfliktmanagement, was beinhaltet das? Diese Frage stellte ich mir vor dem Unterrichtsthema und ich war vom ersten Moment an gefesselt. Ich finde, dass es ein sehr wichtiges und weitreichendes Thema ist, welches in meiner Ausbildung zur staatlich anerkannten Erzieherin leider nicht die nötige Aufmerksamkeit bekam. Wie gehe ich mit Konfliktsituationen um? Das Thema regte mich sehr zur Eigenreflexion an und lenkte meinen Blick viel bewusster auf meinen Umgang mit Konflikten, ebenso beobachtete ich intensiver das Verhalten meiner Kolleginnen in Konfliktsituationen. Es fiel auf, dass sehr häufig Konflikte vermieden werden indem Personen zurücksteckten. Ich selbst experimentierte mit den verschiedenen Modellen und auch mit der Konfrontationsformel bei Konfliktgesprächen. Ich erlebte die Konflikte anders und auch der Umgang mit Kolleginnen und Eltern war danach „anders" als zuvor. Es stellte sich mir die Frage, was dies ausmachte. Ich konnte es mir nur dadurch erklären, dass ich den Konflikt bewusst wahrgenommen und aufgegriffen habe und eine Konfliktlösung erreichen wollte. Dabei entstand die These „Konflikte als Chance der Teambildung im Kindergarten sehen."

Ich arbeite derzeit als Gruppenleitung in einer Krippengruppe, gemeinsam mit 2 weitere Fachkräfte und einer Praktikantin im Freiwilligen Sozialen Jahr. Das gesamte Haus umfasst 9 Gruppen und somit 28 Mitarbeiterinnen die alle mit ihren eigenen Werten, Erwartungen und Bedürfnissen zur Teambildung beitragen.

2 Einleitung

Konflikte sind im Zusammenleben und in der Zusammenarbeit von Menschen ganz natürlich und dennoch nicht gerne gesehen. Wir sehnen uns doch alle nach Harmonie und nicht nach Konflikten die viel Zeit und Kraft kosten. Im Kindergarten stehen diese Konflikte wie in jeder anderen Art des Zusammenkommens an der Tagesordnung, denn jede Mitarbeiterin bringt ihren eigenen professionellen Blick, ihre persönlichen Vorstellungen, ihre eigenen Werte und Erfahrungen mit ein. Ob ein Konflikt eine Chance zur Teambildung sein kann, hängt von der Art und Weise des Umgangs ab und darum soll es in den folgenden Kapiteln gehen.

3 Was ist ein Konflikt?

Um als Leitung die Energie eines Konfliktes konstruktiv nutzen zu können muss im Team Platz und Zeit für einen gemeinsamen Reflexionsrahmen vorhanden sein, dabei muss auch erst einmal ein gemeinsames Verständnis, was ein Konflikt ausmacht, herausgefunden werden. [1]

3.1 Definition Konflikt

Das Wort „Konflikt" wird von dem lateinischen Wort „confligere" abgeleitet und bedeutet „Zusammentreffen", „kämpfen" oder „Widerstreit" gegensätzlicher Kräfte von etwa gleicher Stärke.[2],[3] Roswitha Burchat-Harms schreibt in ihrem Buch, „Konflikt ist die Unvereinbarkeit im Denken, Fühlen und/ oder Wollen [...] mit der Beeinträchtigung der Ziele, Interessen, Gefühle [...] die wenigstens von einem Akteur (Person, Gruppe oder Organisation) so empfunden werden müssen. Konflikt ist demnach ein Prozess, in dem widerstrebende Kräfte entweder in einer Person (innerpsychisch) oder zwischen einzelnen Personen und/ oder Gruppen, Organisationen (sozial) aufeinander prallen."[4]

Ein Konflikt kann auf zwei Ebenen stattfinden: zum einen „intrapersonell", also innerhalb einer Person und zum anderen auch „interpersonell", also zwischen zwei oder mehr Personen und Gruppen. Im Kindergarten spielt sehr häufig der „interpersonelle" bzw. soziale Konflikt eine Rolle.

3.2 Intrapersonellen Konflikt

Von einem intrapersonellen Konflikt spricht man dann, wenn sich ein Konflikt innerhalb einer Person abspielt. Dies kann entstehen, wenn die Leitung sich zwischen

---

[1] Nach Roswitha Burchat-Harms, Konfliktmanagement: Wie Kindergärten TOP werden, Herman Luchterhand Verlag GmbH, Berlin 2001, Seite 19

[2] Nach http://de.wikipedia.org/wiki/Konflikt, gelesen am 4.3.2012

[3] Nach Viva Fialke, kindergarten heute- Wie Sie mit Konflikten souverän umgehen, Titelnummer 245, Verlag Herder GmbH, Freiburg im Breisgau 2010, Seite 3

[4] Roswitha Burchat-Harms, Konfliktmanagement: Wie Kindergärten TOP werden, Herman Luchterhand Verlag GmbH, Berlin 2001, Seite 19

zwei Bewerbern entscheiden muss oder wenn ein Konflikt im Raum steht, für den noch keine Lösung gefunden wurde und dieser belastend für die weitere Zusammenarbeit empfunden wird. Ein intrapersonelle Konflikt kann eine Person aus dem Gleichgewicht bringen und verunsichern[5]. Wenn die Person keine Handlungsalternativen sieht kann es dann auch bis zur Hilflosigkeit, Resignation und Burn-out führen. Als Leitung muss ich auch meine Grenzen kennen und wenn nötig, die Kollegin in diesem bereits weit fortgeschrittenen Konflikt ermutigen professionelle Hilfe zu holen. [6]

3.3 Interpersonelle Konflikt

Der Interpersonelle Konflikt findet zwischen mind. zwei Personen oder einer Gruppe statt. Dieser Konflikt ist geprägt durch unterschiedliche Handlungsabsichten, es sind Gefühle vorhanden und es werden Beeinflussungsversuche unternommen. Dieser Konflikt wird im Umgang miteinander deutlich, der Ton wird schärfer und direkter, es werden Informationen bewusst vorenthalten und die Stimmung ist kalt. Die Beteiligten sind misstrauisch dem anderen gegenüber und es kann zu Feindseligkeiten kommen. [7]

4 Konfliktarten und ihre Ursachen

Konflikte gibt es auf vielfältige Arten, es ist vom Verteilungskonflikt, Wahrnehmungskonflikt, Wertekonflikt, Rollenkonflikt, Ziel- und Interessenkonflikt, Organisations- und Informationskonflikt sowie von Beziehungskonflikt die Sprache. Die Konflikte sind nicht immer klar zu differenzieren, aber sie sind bei der Ursachenforschung von Bedeutung.

---

[5] Vgl. Kerstin Rohdenburg, Konflikte beinhalten auch eine Chance- intrapersonale und interpersonelle Konflikte in Kindertageseinrichtungen, GRIN Verlag, 1. Auflage 2009, Seite 5

[6] Vgl. Roswitha Burchat-Harms, Konfliktmanagement: Wie Kindergärten TOP werden, Herman Luchterhand Verlag GmbH, Berlin 2001, Seite 20

[7] Vgl. Kerstin Rohdenburg, Konflikte beinhalten auch eine Chance- intrapersonale und interpersonelle Konflikte in Kindertageseinrichtungen, GRIN Verlag, 1. Auflage 2009, Seite 6f

4.1   Der Verteilungskonflikt

Beim Verteilungskonflikt findet ein Vergleich zwischen mindestens einer weiteren Kollegin statt. Es kommt das Gefühl der ungleichen Verteilung auf. Man fühlt sich ungerecht behandelt und es entsteht Neid. Im Beispiel: Erzieherin A. hat trotz Mehrarbeit in der Leistungsbezogenen Bezahlung den gleichen Anteil wie Kollegin B. erhalten. Kollegin A. fühlt sich benachteiligt und ungerecht behandelt.

4.2   Wahrnehmungskonflikt

Ein Wahrnehmungskonflikt kann entstehen, wenn die pädagogischen Fachkräfte einem Thema im Team unterschiedliche Wichtigkeit und Interesse beimessen.

4.3   Wertekonflikt

Jede Person hat eine eigene Vorstellung von richtig und falsch, jeder hat eine ganz eigene Werteskala. Bei einem Wertekonflikt kommen mindestens zwei Personen in einen Konflikt, da sie einer Sache eine unterschiedliche Bedeutung beilegen. Ein Wertekonflikt kann dennoch auch als intrapersoneller Konflikt stattfinden. Wenn eine Einrichtung sehr viel Wert auf eine christliche Erziehung und Vermittlung der christlichen Werte legt, man diese Werte für sich aber nicht vertritt, kann es sehr schnell passierten, dass man in einen inneren Konflikt gerät.

4.4   Rollenkonflikt

Ein Rollenkonflikt kann wieder auf zwei Ebenen des Konfliktes basieren. Dem Intrarollenkonflikt und dem Interrollenkonflikt. Beim Intrarollenkonflikt soll die Erzieherin verschiedene Erwartungen und Bedürfnisse als Rolle der Erzieherin erfüllen und gerecht werden. Es wird von den Eltern, der Leitung und auch vom Kind eine Erwartung an sie als „Erzieherin" gestellt. Vom Interrollenkonflikt spricht man, wenn eine Person in unterschiedliche Rollen die Erwartungen erfüllen soll. Als Gruppenleitung zum Beispiel kommt die Rolle der Erzieherin, der Kollegin und der Gruppenleitung zusammen. Bei Stellverstretenden Leitungen und bei der Leitung selbst kommt die jeweilige Rolle ebenfalls noch hinzu.

4.5 Zielkonflikt/ Interessenkonflikt

Hier geht es meist darum, dass die pädagogischen Fachkräfte unterschiedliche Ziele und Interessen verfolgen. Oftmals spielt sich auch in der Kommunikation ein Fehler ab und man könnte es auch als „Wegekonflikt" bezeichnen. Dabei haben die Erzieherinnen zwar dasselbe Ziel, aber unterschiedliche Wege die dort hinführen.

4.6 Organisations- /Informationskonflikt

Dieser Konflikt bringt sehr viel Chaos mit sich. Es fehlt an Absprachen, der Informationsfluss und die Kommunikation unter den Fachkräften ist gestört. Es fehlt an Regeln und Standards im Alltag, bei Aktivitäten oder Festen. In einem sehr großen Team können sich nicht immer alle zu den Teamsitzungen treffen, daher treffen sich einmal in der Woche die Gruppenleiterinnen mit der Leitung zur Teambesprechung. Hierbei werden viele wichtige Punkte besprochen. Diese Informationen müssen aber auch zu den andern Kolleginnen gelangen um eine Zusammenarbeit auf gleichem Wissenstand und einem reibungslosem Ablauf im Alltag zu gewähren.

4.7 Beziehungskonflikt

Hier spielt sich der Konflikt sehr stark auf der Gefühlseben ab. Die Sachebene, worum es ging, gerät immer mehr in den Hintergrund und wird irgendwann von beiden Seiten nicht mehr wirklich benannt werden können. Ein Beziehungskonflikt geht sehr gefühlsbetont einher und es spielt meist ein alter, nicht gelöster Konflikt eine Rolle. Dieser Konflikt kann so weit gehen, dass die Kollegin als ganzer Mensch abgelehnt wird und Wut, Hass und Ärger eine sehr große Rolle spielen.[8] Der Beziehungskonflikt bringt einen Tunnelblick mit sich, d.h. Erzieherin A hört bei allem was Erzieherin B sagt, alles nur mit dem Apell-Ohr.[9] Siehe dabei das 4-Ohren-Modell nach Schulz von Thun. Er geht davon aus, dass jede Nachricht vier verschieden Aspekte beinhaltet und dies unabhängig davon, ob dies von Erzieherin B beabsichtigt ist oder nicht. Das

---

[8] Vgl. Unterrichtsinhalte Fach Soziale- und personale Kompetenz am 2.Dezember 2011, Dozentin Frau Aloisia Brenner

[9] Vgl. Unterrichtsinhalte Fach Soziale- und personale Kompetenz am 2.Dezember 2011, Dozentin Frau Aloisia Brenner

Kommunikationsmodell stellt dar wie eine Nachricht aufgebaut ist und wie die Bedeutung richtig erkannt werden kann.[10]

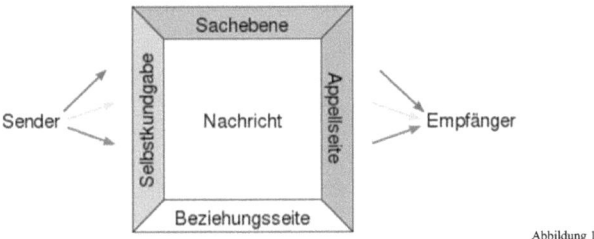

Abbildung 1

5 Konfliktanalyse

Um einen Konflikt als Chance nutzen zu können, muss ein Konflikt genau untersucht und analysiert werden. Bei einer Konfliktuntersuchung sind folgende 10 Aspekte wichtige Hilfestellungen, um an die Ursache des Konfliktes zu gelange. Dabei ist zu beachten, dass man nach der Ursache und nicht nach dem Schuldigen sucht

5.1 10 Fragen zur Konfliktdiagnose

1. Wer ist direkt an dem Konflikt beteiligt? 2. Gibt es weitere Beteiligte? (Angehörige, Kollegen, Freunde,...) 3. Worum geht es? (Sachkonflikt ermitteln) 4. Gibt es Nebenkonflikte? 5. Was ist mein Anteil am Konflikt? 6. Was war der Konfliktauslöser/ Ursache? 7. Verlauf in Schritten nachvollziehen. 8. Welche Auswirkungen hat er kurz- oder längerfristig? 9. Was passiert, wenn der Konflikt nicht gelöst wird? 10. Wie soll es weitergehen- welche Lösungsmöglichkeiten gibt es? [11]

---

[10]Vgl. Gabriele Kelch, Teamkonflikte gemeinsam lösen, Verlag Herder GmbH, Freiburg im Breisgau 2009, Seite 98f

[11] Vgl. Unterrichtsinhalte Fach Soziale- und personale Kompetenz am 6.Dezember 2011, Dozentin Frau Aloisia Brenner

5.2   Die 9 Stufen des Konflikts nach Friedrich Glasl

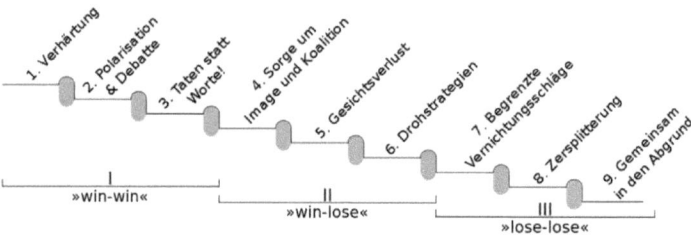

Abbildung 2

Friedrich Glasl hat zur Konfliktanalyse ein Modell erstellt in dem er in 9 Stufen die Konflikteskalation aufzeigt. Er teilte diese Stufen in 3 weitere Teile: 1. Den Win-Win Teil, hier können noch beide Parteien gewinnen. 2. den Win-Lose teil, hier verliert bereits ein Teil und den 3. Den Lose-Lose-Teil, dieser bringt nur Verlierer mit sich. Die 9 Stufen können ebenfalls zur Konfliktdiagnose dienen. Als Leitung kann ich versuchen herauszufinden in welchem Teil sich ein Konflikt bewegt und demnach verschiedene Modelle zur Konfliktlösung anwenden.[12]

5.3   Konfliktlösungsmodelle

Bei einer Konfliktlösung können verschiedene Modelle genutzt werden. Ein gutes Konfliktmanagement beinhaltet alle Modelle zu kennen und je nach Konflikt und Ausmaß in der Lage zu sein, den passendsten Weg herauszufinden. Dennoch ist es in erster Linie wichtig, dass alle Beteiligten des Konfliktes die Konfliktlösung anstreben, denn sie wird von ihnen getragen.

---

[12] http://de.wikipedia.org/wiki/Konflikteskalation_nach_Friedrich_Glasl, gelesen am 13.März 2012

5.3.1 Win-Win-Modell

Beim Win-Win-Modell sollten alle Beteiligten zufrieden sein und als Gewinner hervorgehen. Wenn man von zwei Erzieherinnen ausgeht, die beide unterschiedliche Vorschläge für das Laternenbasteln haben, dann kann gemeinsam nach einem neuen Vorschlag gesucht werden, der für beide stimmig ist. Dieses Modell lässt sich hier sehr gut anwenden, allerdings nicht wenn es zum Beispiel um Pädagogische Sichtweisen und der Hygieneerziehung geht.

5.3.2 Zwang/ Druck

Mit diesem Modell kann ich als Leitung arbeiten, wenn es um feste Regeln geht, wie z.B. die Pünktlichkeit und die Öffnungs- und Schließzeiten. Hier spielt die Position eine große Rolle. Als Leitung hat man die Autorität, das Recht und Pflicht gewisse Entscheidungen zu treffen, man sollte dabei nur darauf achten, seine Macht nicht zu missbrauchen.

5.3.3 Nachgeben

Gezieltes Nachgeben kann ebenfalls einen Konflikt lösen. Beim Nachgeben, ist darauf zu achten, dass nicht immer der gleiche nachgibt, da sonst ein erneuter Konflikt auftreten kann, da sich diese Person benachteiligt fühlt. Nachgeben kann wieder im Beispiel der Bastelaktion hilfreich sein, wenn entschieden werden soll, ob die Laternen mit oder ohne Eltern gebastelt werden. Das Nachgeben kann eine gute Bewältigungsmethode bei einmaligen Abläufen darstellen, jedoch nicht bei wichtigen Tagesabläufen wie z.B. der Pausengestaltung, den Regeln im Tagesablauf und der Urlaubsplanung.[13]

5.3.4 Vermeiden

Konflikte vermeiden kann sehr belastend fürs Team und für die Person selbst sehr gefährlich werden, da sich die Person zurückzieht und resigniert. Dennoch kann

---

[13] Vgl. Unterrichtsinhalte Fach Soziale- und personale Kompetenz am 2.Dezember 2011, Dozentin Frau Aloisia Brenner

Konfliktvermeidung auch eine Lösung mit sich bringen, aber nur dann, wenn die Situation weiter beobachtet und ernstgenommen wird. Wenn eine Leitung ein Konflikt zwischen zwei Kolleginnen bemerkt, ist es manchmal hilfreich die weitern Ereignisse zu beobachten und abzuwarten, wenn dieser Konflikt die aktive Zusammenarbeit nicht beeinflusst. Wenn allerdings ein Fehlverhalten dahinter steht oder wichtige Absprachen nicht eingehalten wurden, ist dies keine gute Methode. [14]

5.3.5 Kompromiss

Beim Kompromiss geht es darum, die verschiedenen Sichtweisen die vorhanden sind zu sammeln und einen Weg zu finden, mit dem alle einig sind. Ein Kompromiss bei der Bastelaktion wäre, nicht nur mit den Kindern oder Eltern zu basteln sondern mit allen zusammen. Ein Kompromiss kann auch wieder bei Entscheidungen getroffen werden, wenn diese nicht dauerhaft Bestandteil eines Ablaufes sind wie z.b. bei der Dienstplangestaltung und Urlaubsplanung.

5.3.6 Direkte Konfrontation

Die direkte Konfrontation bedeutet, dass Erzieherin A direkt Erzieherin B mitteilt, dass sie mit der momentanen Situation ein Problem hat und es wichtig ist dies zu klären ohne eine weitere Person mit einzubeziehen. Denn wenn eine weitere Person einbezogen wird entsteht ein Täter-Opfer-Dreieck. Dabei ist dann nicht mehr klar, wer welche Rolle hat, es entsteht eine Rollendynamik in der sehr viel mehr entstehen kann. Die direkte Konfrontation kann eine Situation sehr schnell klären, vor allem dann, wenn ein Missverständnis vor liegt, wenn Erzieherin A etwas anderes verstanden hat als Erzieherin B sagen wollte. Allerdings sollte die direkte Konfrontation in einer geeigneten Situation unter 4 Augen stattfinden. [15]

---

[14] Vgl. Unterrichtsinhalte Fach Soziale- und personale Kompetenz am 6.Dezember 2011, Dozentin Frau Aloisia Brenner

[15] Vgl. Unterrichtsinhalte Fach Soziale- und personale Kompetenz am 6.Dezember 2011, Dozentin Frau Aloisia Brenner

6 Ein Konfliktgespräch steht an

Ein Konfliktgespräch kann ein sehr unangenehmes Gespräch sein, muss es aber nicht. Wenn alle Beteiligten den Blick auf die Lösung wenden und von der Schuldfrage abkommen, steht das gemeinsame Ziel- die Lösung im Vordergrund. Wenn eine Leitung ein Konfliktgespräch moderiert, muss sie sich erst einmal darüber bewusst werden in welcher Rolle sie zum Konflikt steht. Wenn sie selbst in den Konflikt verwickelt ist, ist es nicht von Vorteil wenn sie das Gespräch moderiert. Hier ist es hilfreich außenstehende Hilfe zu holen, durch den Träger oder durch eine Supervision.

6.1 Regeln im Konfliktgespräch

Um ein Gespräch erfolgreich zu halten, müssen bestimmte Regeln eingehalten werden. Die Gesprächsbeteiligten sollten vorab erfahren, um was es geht, ohne dass ins Thema eingestiegen wird. Dies gibt jedem die Möglichkeit vorbereitet ins Gespräch zu gehen. Das Gespräch sollte zudem zeitnah an einen Konflikt stattfinden und es sollte genügend Zeit für das Gespräch eingeplant werden. Bei der Raumwahl sollte darauf geachtet werden, dass man ungestört ist und im besten Falle an einem Runden Tisch sitzt, so wird durch den Sitzplatz keine Rangordnung hergestellt. Zu empfehlen ist, dass das Gespräch nicht im Leiterinnenbüro geführt wird, da dies kein neutraler Boden ist. Lässt es sich dennoch nicht vermeiden ist darauf zu achten, dass das Telefon eine Rufumleitung zu einer Kollegin hat oder es ausgesteckt ist, um ungestört sprechen zu können. Die Atmosphäre sollte nüchtern gestaltet werden, es ist ausreichend Gläser und Wasser zur Verfügung zu stellen und nicht mit Keksen und Kaffee eine gemütliche Atmosphäre zu gestalten. Bei der Gesprächsform auf die Ich-Botschaft achten und beim Thema bleiben.[16]

6.2 Haltung im Konfliktgespräch

Carl Rogers hat folgende drei Grundhaltungen für eine gute Voraussetzung einer Kommunikation genannt. Echtheit, positive Wahrnehmung und Empathie. Weitere wichtige Grundlagen sind das aktive Zuhören, die Gefühlseben beachten, sachlich

---

[16] Vgl. Unterrichtsinhalte Fach Soziale- und personale Kompetenz am 6.Dezember 2011, Dozentin Frau Aloisia Brenner

bleiben, auf die Fragetechniken achten, positiv formulieren und die Meinung anderer ernst nehmen.[17] Wichtig für das Konfliktgespräch ist, mit welcher Haltung die pädagogische Fachkraft ins Gespräch geht. Mit der überheblichen Haltung, der unterwürfigen Haltung oder der gleichberechtigten Haltung. Die zu empfehlende Haltung ist die gleichberechtigte, denn diese bedeutet „Ich bin OK- du bist OK". Hier tritt man seinem Gesprächspartner auf einer Augenhöhe gegenüber, es entsteht ein Wir-Gefühl das die gemeinsame Lösungssuche unterstützten soll. Am Ende des Gespräches sollte das Besprochene noch einmal Zusammengefasst werden um eine Bestätigung der gleichen Ansicht zu erhalten. Dadurch können weitere Missverständnisse vermieden werden und der Konflikt sollte damit beendet sein. Zum Abschluss ist es sehr hilfreich sich zu bedanken und durch Händedruck den Abschluss zu finden. Wenn man sich einig ist und der Konflikt gelöst wurde, dient er als Bestätigung eines erfolgreichen Gespräches.

6.3 Konfrontationsformel

Die Konfrontationsformel beinhaltet 4 Schritte. Erstens die Beschreibung der Situation auf sachlicher Ebene. Zweitens das benennen der Gefühle, es ist wichtig sich klar zu sein was in mir passiert ist und dies dann auch zu äußern (Ärger, Wut, Verlegenheit,...). Drittens die Phantasie zum Ausdruck bringen, was könnte dahinter gesteckt haben, was ist meine Vorstellung dahinter und als vierter und letzter Schritt, die Wunschäußerung wie es weitergehen soll. Ein Beispiel aus der Praxis könnte sein: „Gestern und letzten Mittwoch wollte ich nach dir das Elternsprechzimmer für ein Elterngespräch nutzen, ich musste jedoch beides mal zuerst dein benutztes Geschirr aufräumen. Es hat mich sehr geärgert. Ich kann mir vorstellen, dass du mit deinen Gedanken noch im Gespräch warst oder du Feierabend machen wolltest. Ich möchte dich darum bitten in Zukunft wieder darauf zu achten, den Raum wieder ordentlich zu verlassen."[18]

---

[17] Vgl. Unterrichtsinhalte Fach Soziale- und personale Kompetenz am 28. Oktober 2011, Dozentin Frau Aloisia Brenner

[18] Viva Fialka, kindergarten heute Titelnummer 245, Verlag Herder GmbH, Freiburg im Breisgau 2010, Seite 28

7 Die Chance des Konflikts nutzen

7.1 Voraussetzung im Team

„Sprechen über Probleme schafft Probleme, sprechen über Lösungen schafft Lösungen."[19] Eine wichtige Voraussetzung im Team ist es bereits die Sichtweise lösungsorientiert zu gestalten. Es soll gezeigt werden, in welche Richtung man gehen möchte, was erreicht werden möchte. Begriffe wie „Probleme", „Hindernisse" und „Schwierigkeiten" können durch Begriffe wie „Themen", „Situation", „Diskussionsbedarf", „Gespräche" oder „Wünsche" ersetzt werden. Dies wären Worte aus einem lösungsorientierten Sprachmuster.[20]

Wichtig Kompetenzen, welche die Leitung und das Team für den Umgang mit Konflikten brauchen, sind die Fähigkeit und die Bereitschaft sich auf unterschiedliche Menschen und Situationen einzustellen und gleichzeitig die eigenen Ziele nicht aus den Augen zu verlieren (Flexibilität und Identität). Gleichzeitig die eigene Persönlichkeit zu formen und zu bilden und dabei auch einer Idee zu dienen und anderen von Nutzen zu sein (Selbstwert und Dienst). Aushalten zu können und handlungsfähig zu sein zeigt sich dadurch aus, unklare oder widersprüchliche Situationen auszuhalten und gleichzeitig entschieden und konsequent zu handeln. In Konfliktsituationen autonomisch und anpassungsfähig zu sein, sprich eine persönliche Meinung bilden und diese vertreten und gleichzeitig kompromissbereit sein. Ebenso wichtig ist die Fähigkeit sich selbst und anderen zu vertrauen und gleichzeitig mit Enttäuschungen zu rechnen und lernen damit umzugehen. Nicht zu vergessen sind die Wertorientierung und die Toleranz. Diese beiden Faktoren bringen die Fähigkeit mit sich, sich Werten zu verpflichten und gleichzeitig die Bereitschaft die Werte anderer zu respektieren. Eine gute Konfliktfähigkeit setzt voraus, dass wir einen klaren, reflektierenden Blick auf uns selbst, auf andere und auf das „Wir" haben.[21]

---

[19] Viva Fialka, kindergarten heute Titelnummer 245, Seite 22

[20] Vgl. Viva Fialka, kindergarten heute Titelnummer 245, Seite 21ff

[21] Vgl. Viva Fialka, kindergarten heute Titelnummer 245, Seite 6

7.2 Die Rolle der Leitung

Wie das Konfliktmanagement im Team funktioniert hängt sehr viel von der Konfliktfähigkeit der Leitung ab. Um die Chance im Konflikt wirklich nutzen zu können bleibt der Leitung nichts anderes übrig, als Probleme und Konflikte konstruktiv und produktiv anzugehen. Als Leitung kommt es darauf an, je nach Intensität eines Konfliktes in die Rolle der Beobachterin, der Moderatorin, der Vermittlerin und der Schiedsrichterin zu schlüpfen. Wenn sich ein Konflikt trotzallem weiter verhärtet, ist die Macht und die Durchsetzungskraft gefordert. Als Leitung sollte darauf geachtet werden, dass in der Einrichtung ein offenes und respektvolles Arbeitsklima herrscht, in der auch Konflikte ohne Angst angesprochen und bearbeitet werden können um diese im Keim zu ersticken. Es wird eine Lösung erarbeitet bevor die Stufe des Konfliktes erreicht wird. Eine weitere Voraussetzung ist eine gute Wahrnehmung beim Erkennen von Problemen, diese anzusprechen und gemeinsam eine Lösung zu suchen. Bei der Konfliktvorbeugung ist es hilfreich, die Mitarbeiterinnen an Entscheidungen einzubeziehen, Aufgaben gemeinsam abzustimmen oder gegebenenfalls konkrete Vorgaben zu machen. Für einen guten Informationsfluss zu sorgen und jeder Mitarbeiterin die Chance zur fachlichen und persönlichen Weiterentwicklung zu geben und sie dabei zu unterstützen. [22] Ich finde es zudem wichtig, das Gesprächsregeln gemeinsam vom Team für die Teamsitzungen festgelegt und festgehalten werden.

8 Schlussteil

Die These, dass ein Konflikt eine Chance zu Teambildung sein kann, sehe ich bestätigt. Wenn in einer Einrichtung die entsprechende Konfliktkultur gepflegt wird und jedes Teammitglied den Konflikt konstruktiv angehen möchte, dann kann sich daraus ein ständig wachsendes Team entwickeln. Eine gute Konfliktkultur bringt die Möglichkeit mit sich, offen und ehrlich Ängste und Probleme zu äußern und gemeinsam eine Lösung zu finden. Konflikte sind nicht plötzlich da, sie entstehen meist sehr langsam und es

---

[22] Vgl. Roswitha Burchat-Harms, Konfliktmanagement: Wie Kindergärten TOP werden, Herman Luchterhand Verlag GmbH, Berlin 2001, Seite 101ff

liegt an jedem diesen Entwicklungsstand wahrzunehmen. Wenn bereits ein Problem mit dem Lösungsblick betrachtet wird, können Gefühle dazu kommen und es schwelt ein Konflikt an. Dieser kann sich noch lösen lassen, benötigt dennoch mehr Zeit und Kraft (siehe Anhang). Im ersten Teil der Arbeit wird deutlich, welche verschiedenen Arten von Konflikten entstehen können und aus welchen Ursachen heraus. Im weiteren Verlauf wird gezeigt, wie man Konflikte analysieren kann, bzw. in welchen Stufen es zu einer Konflikteskalation kommen kann. Im dritten Teil wird bereits auf die Konfliktlösungsmethoden eingegangen. Hier zeigt sich in erster Linie deutlich, dass es auf jeden Mitarbeiter und Konfliktbeteiligten ankommt. Es muss jeder seinen Teil dazu beitragen, denn eine Lösung kann nur gemeinsam getragen werden. Den Konflikt wirklich als Chance zu sehen, sich zu entwickeln, eine andere Meinung zu akzeptieren und gemeinsam nach einer Lösung zu suchen, bringt ein Team näher zusammen und ein Stück voran.

8.1 Eigene Reflexion

Ich kann für mich sagen, dass dieses Thema meine Einstellung zu Konflikten verändert hat. Zu Beginn der Arbeit waren Konflikte mit einer negativen Stimmung behaftet. Je intensiver ich mich jedoch damit beschäftigt habe und je mehr ich auf die Chancen eines Konfliktes eingegangen bin, desto mehr änderte sich meine Einstellung diesbezüglich. Konflikte ermöglichen eine Veränderung, wenn man diese annehmen möchte, sie wecken neue Kräfte und können den Zusammenhalt im Team erhöhen. Entscheidend ist nicht der Konflikt- sondern das Team. Es kommt auf das Wollen und die Fähigkeit damit umzugehen im an. „Innerer Friede und Heiterkeit kommen nicht daher, dass man keine Konflikte hat, sondern aus der Fähigkeit, mit Konflikten fertig zu werden."[23] Ich möchte meine Arbeit und meine Gedanken an das Team weitergeben, um somit Konflikte als Chance unserer Teambildung im Kindergarten zu nutzen.

---

[23] Viva Fialka, kindergarten heute Titelnummer 245, Verlag Herder GmbH, Freiburg im Breisgau 2010, Seite 1

9 Anhang

Abbildung 3

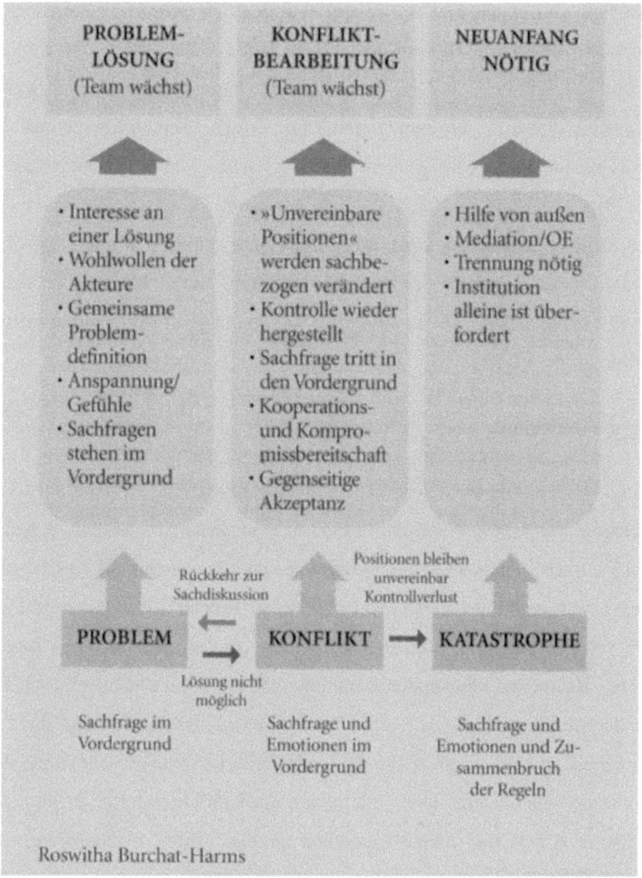

10 Quellenangabe

Abbildungen:

Abbildung 1:   http://de.wikipedia.org/wiki/Vier-Ohren-Modell, gelesen am 13.März 2012

Abbildung 2:   http://mediation-blog.de/category/hintergrundartikel/, eingesehen am 13.März 2012

Abbildung 3: Roswitha Burchat-Harms, Konfliktmanagement: Wie Kindergärten TOP werden, Herman Luchterhand Verlag GmbH, Berlin 2001, Seite 28

Literatur:

Gabriele Kelch, Teamkonflikte gemeinsam lösen, Verlag Herder GmbH, Freiburg im Breisgau 2009

Kerstin Rohdenburg, Konflikte beinhalten auch eine Chance- Intrapersonale und interpersonelle Konflikte in Kindertageseinrichtungen, GRIN Verlag, 1. Auflage 2009,

Roswitha Burchat-Harms, Konfliktmanagement: Wie Kindergärten TOP werden, Herman Luchterhand Verlag GmbH, Berlin 2001,

Unterrichtsinhalte Fach Soziale- und personale Kompetenz, Dozentin Frau Aloisia Brenner

Viva Fialka, kindergarten heute Titelnummer 245, Verlag Herder GmbH, Freiburg im Breisgau 2010,

Links:

http://de.wikipedia.org